Índice

Unidad 1 ¿Cómo estás? 4

Unidad 2 ¡Todos los días! 7

Unidad 3 ¿Prefieres carne o pescado? 10

Unidad 4 En la ciudad 13

Unidad 5 ¡Ring, ring! ¿Dígame? 16

Unidad 6 Animales del mundo 19

Unidad 7 Yo pienso en verde, ¿y tú? 22

Unidad 8 Un paseo por el pasado 25

Unidad 9 ¡Qué azul está el mar! 28

Diploma de Español

Juego de dominó

CLAN 7

¡Hola, amigos!

CUADERNO DE ACTIVIDADES

Nivel 3

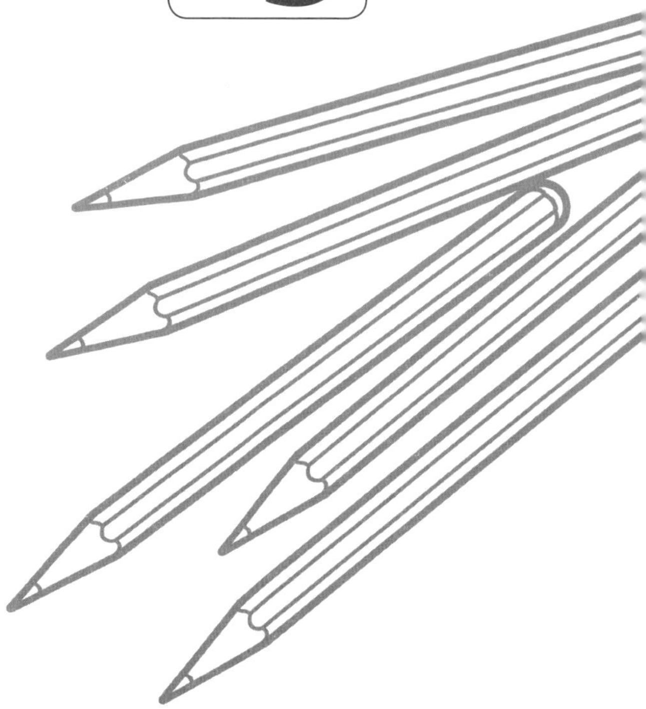

Instituto Cervantes

Edinumen

Unidad 1 ¿Cómo estás?

Sesión 1

1 Escribe el nombre de nuestros amigos.

Yo me llamo _________.

Yo me llamo _________.

Yo me llamo _________.

Yo me llamo _________.

Yo me llamo _________.

Yo me llamo _________.

Ella se llama _________.

2 Completa.

¡Hola! Me llamo Juan y vivo en España. Te presento a mi familia. Mi _____________ se llama Pepe y tiene 38 años. Mi _____________ se llama Margarita y tiene 36 años. Ana es mi _____________ y Manuel es mi _____________. Tengo un _____________ que se llama Carlos y tiene 7 _____________. Tengo una _____________ que se llama Inés y _____________ 12 _____________. Su _____________ se llama Diego y es mi _____________. Cristina es mi _____________.

3 Lee y completa.

Hola, me llamo Lucía.
Tengo 10 años.
Soy de Argentina.
Vivo en España.

- **Nombre:** Lucía.
- **Años:** 10.
- **¿De dónde eres?:** Argentina.
- **¿Dónde vives?:** España.

____
____
____
____

- **Nombre:** María.
- **Años:** 10.
- **¿De dónde eres?:** España.
- **¿Dónde vives?:** España.

Sesión 2

¿Dónde vives?

4 Observa. Luego, escribe.

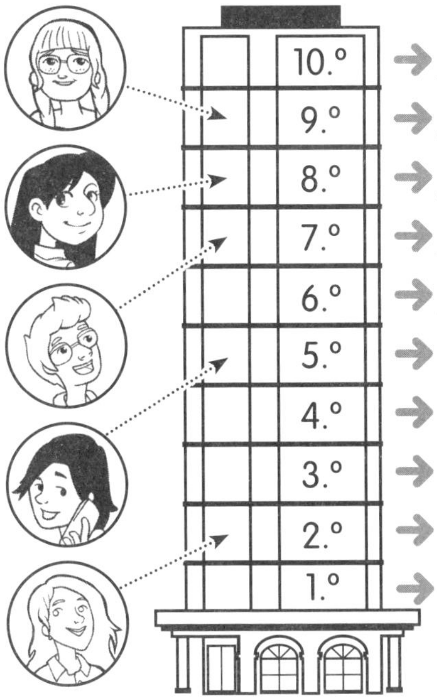

10.° → ______
9.° → ______
8.° → ______
7.° → ______
6.° → ______
5.° → ______
4.° → ______
3.° → ______
2.° → ______
1.° → primero

Vivo en el segundo.

Vivo en el ______

Vivo en el ______

Vivo en el ______

Vivo en el ______

5 Escribe sobre ti.

1 ¿Cómo te llamas? → Me llamo ______.
2 ¿Cuántos años tienes? → Tengo ______.
3 ¿Dónde vives? → ______.
4 ¿En qué calle vives? → ______.
5 ¿Con quién vives? → ______.
6 ¿Cómo se llama/n tu/s abuelo/s? → ______.
7 ¿Cuántos años tiene? → ______.

6 Lee y contesta.

Me llamo Tomás y tengo 12 años. Soy de México y vivo con mis padres y mi hermana en la calle Larga, número 18, 4.° piso. Mis tíos viven en la misma calle con mis primos Álex y Cristina. Mi primo Álex tiene 11 años y mi prima Cristina tiene 14 años. Mis abuelos viven en México. Mi abuela tiene 78 años y mi abuelo tiene 80 años. Tienen un gato que se llama Coco.

1 ¿Dónde vive Tomás? → Tomás vive en la calle Larga, número 18, 4.° piso.
2 ¿Con quién vive? → ______
3 ¿Cómo se llama su primo? → ______
4 ¿Con quién vive Cristina? → ______
5 ¿Cuántos años tiene el abuelo de Álex? → ______
6 ¿Cómo se llama el gato de sus abuelos? → ______

Sesión 3

7 Observa y relaciona.

1 Jugar al fútbol.
2 Montar en bici.
3 Dibujar.
4 Tocar la guitarra.
5 Montar en monopatín.
6 Leer un cómic.
7 Jugar al baloncesto.

8 Completa y escribe sobre ti.

Todos los días, Juan  monta en bicicleta y  ______________________.

A veces  ______________________.

Normalmente Carmen  ____________, pero no  ______________________. A veces ella  ______________________.

Todos los días yo ____________________, pero no ____________________. Normalmente ____________________ y ____________________. A veces ______________________________________.

9 Lee y completa.

leo	monta	juego	dibuja	~~estás~~	llama	toca	juega

De: Clara Para: Marta Asunto: Mis amigos

¡Hola!, ¿qué tal? ¿Cómo estás? Yo estoy muy contenta. Tengo nuevos amigos y ____________ al baloncesto con ellos en el parque. Ana ____________ la guitarra y Alberto ____________ en bicicleta. Mi amigo Javi tiene un caballo. Se ____________ Furia. ¡Él a veces ____________ al fútbol! Julia ____________ muy bien, es la número uno, y yo ____________ cómics con ellos.

¿Y tú qué haces?

Hasta luego,

Pablo

MI PROGRESO

Unidad 2 ¡Todos los días!

Sesión 1

1 Relaciona y escribe.

desayunar vestirse	ducharse hacer la cama	~~levantarse~~ sacar al perro	ir al colegio lavarse los dientes

 ____________

 ____________

 ____________

 Me levanto

 ____________

 ____________

____

 ____________

2 ¿Qué haces tú por las mañanas? Enumera. Luego, escribe.

 ☐  ☐  ☐

 ☐  ☐  ☐  ☐

Me levanto a las...

3 Completa.

1 Yo  me levanto a las ocho. Desayuno y  ____________.

2 Mi hermana  ____________ por las mañanas.

3 ¿Tú normalmente  ____________?

4 ¿Tú  ____________ después de desayunar?

5 Marta  ____________ a las nueve.

Sesión 2

4 Observa y completa.

Son las doce en punto.

____

____

____

Son las tres menos cuarto.

Son las siete y media.

Son las cinco y cuarto.

Son las seis en punto.

5 Dibuja y contesta.

	Lucía	Su hermano	¿Y tú?
8:00		X	
8:15			
8:30			
8:45			
9:00	X		

1 ¿Qué hace Lucía todos los días?

____

2 ¿Qué hace su hermano?

____

3 ¿Qué haces tú?

____

6 Completa.

Todos los días me levanto a las siete y media, me ducho y desayuno. Antes de ir al colegio, me ______ los dientes y ______ la cama. Los domingos ______ a las once, ______ con mi abuela, me ______ y ______ a mi perro. Después, ______ al parque y ______ en monopatín.

desayuno / visto / voy / saco / ~~siete y media~~ /
hago / monto / lavo / me levanto

Sesión 3

7 Ordena.

- [ ] Me acuesto a las diez.
- [ ] A las nueve menos cuarto vuelvo a casa y ceno.
- [ ] A las dos como y hago los deberes.
- [ ] Después, a las diez, desayuno cereales con leche.
- [ ] Vuelvo a casa a la una y media.
- [1] Hola, soy Mario. Los sábados me levanto a las nueve y media.
- [ ] Por la tarde, a las cinco, meriendo y voy al parque con mis amigos.
- [ ] Me visto y voy a jugar al fútbol a las diez y cuarto.

8 ¿Qué hace María? Escribe.

María vuelve a casa a las dos.

____

____

____

____

9 Escribe el diálogo.

 comes? /qué / ¿a / hora / Carmen, → Carmen, ¿a qué hora comes?

 dos / A / las / cuarto. / y → _______________

 por / tardes? / las / haces / ¿Qué → _______________

 deberes / las / Hago /a / cuatro. / los → _______________

 parque / ¿Vamos / al / tarde / seis? / a / las / esta → _______________

 nos / parque. / el / vemos / en / Vale, → _______________

Unidad 3 ¿Prefieres carne o pescado?

Sesión 1

1 Completa.

zanahoria

2 Lee y dibuja.

1 Juan tiene un cuchillo y un tenedor. De primer plato, toma carne con zanahorias y, de segundo plato, pasta.

2 Pablo tiene una cuchara, un tenedor y una servilleta. De primer plato, toma lentejas y, de postre, un plátano.

3 María tiene un tenedor, un cuchillo y una cuchara pequeña. De primer plato, toma ensalada; de segundo plato pescado con patatas fritas y, de postre, una pera. ¡Le encanta el pan!

3 Observa y completa.

Yo tomo ensalada todos los días, ______ tres veces a la semana y ______ una vez a la semana.

¿Cuántas veces?	Todos los días	Una vez a la semana	Tres veces a la semana
María			
Lucía			
Tú			

Yo tomo... ______

Sesión 2

4 Completa.

1 ¿Qué ha desayunado Juan?
Juan ______________________________
____

2 ¿Qué ha comido Lucía?
Lucía ______________________________
____

3 ¿Qué ha cenado María?
María ______________________________
____

5 Escribe sobre ti.

Mi diario: ¿Qué he comido hoy?

Hola soy __________________ y soy de __________________. Hoy he desayunado con mis padres a las __________________. Yo tomo ______________________________ todos los días.
Hoy he comido ______________________________.
¡Me encanta __________________!
Ceno __________________. Hoy he cenado ______________________________.

6 Lee y escribe.

¿Has __________________ en monopatín?
Sí, he montado en monopatín.
¿Has __________________ al baloncesto?
No, ______________________________.
¿ __________________ leche y pan?
______________________________.
¿ __________________ pescado hoy?
______________________________.

Sesión 3

7 Ordena y encuentra la palabra.

c e t e i a

aceite

r i e a v g n

____

l a s

____

a m e i p i t n
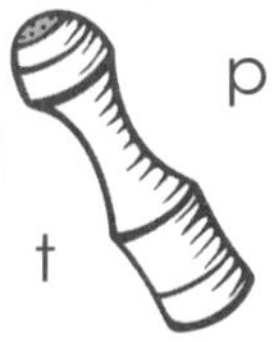
____

u a a g
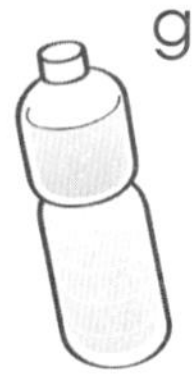
____

a p n

____

8 Ordena y relaciona.

1 Tengo / Pásame /por favor. / el zumo, /sed.

______________________________.

2 pasas / ¿Me / por favor? / la sal,

______________________________.

3 hamburguesa. /Tengo/ una / ganas de

______________________________.

4 Me apetece/ Tengo / fruta. / hambre.

______________________________.

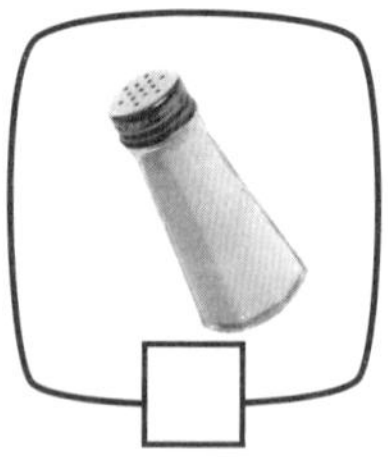

9 Completa y escribe el menú.

Mamá, ¿qué comemos hoy?

Hoy comemos, de primer plato, lentejas.

¡Oh! ________________ de pollo.

Comemos pollo tres veces a la semana. De ________________ hoy comemos ____________ con ensalada.

¡Pero, comemos ensalada ________________!

¡Anda! ____________ las zanahorias y los guisantes, por favor.

¿Y de postre?

De postre, ¿ ____________ peras, manzanas o plátanos?

Manzanas, mamá.

Unidad 4 En la ciudad

Sesión 1

1 Une.

- iglesia
- farmacia
- panadería
- papelería
- librería
- tienda
- comisaría
- centro comercial

2 Completa y dibuja.

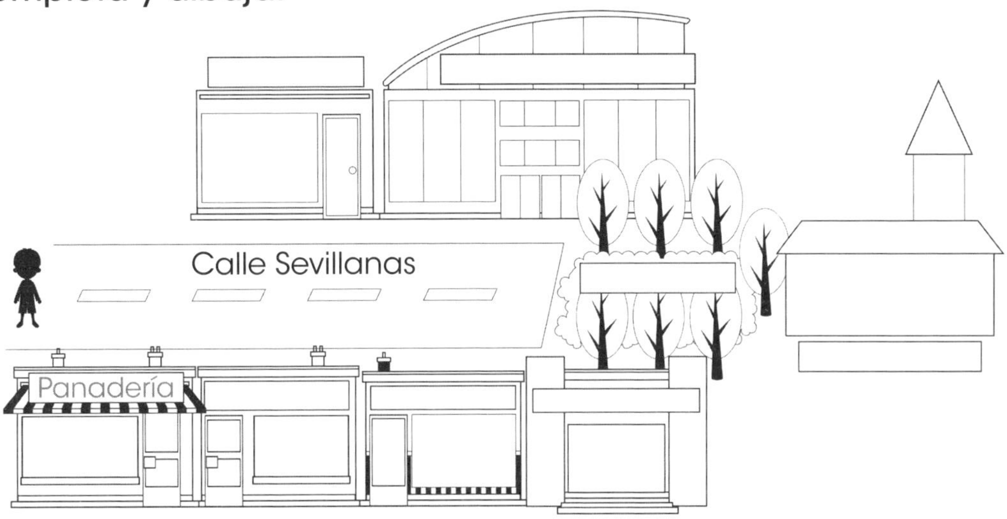

1 Hay una panadería en la calle Sevillanas.
2 La librería está delante de la farmacia y al lado de la panadería.
3 La iglesia está detrás del parque.
4 Hay un centro comercial al lado de la farmacia.
5 Delante de la comisaría hay un parque.
6 Hay ______________________ al lado de la librería.

3 Observa y contesta.

1 ¿Dónde está el número ochenta y siete?
Está delante del sesenta y dos.

2 ¿Dónde está el número cuarenta y cinco?
Está al lado del ______________________.

3 ¿Dónde está el noventa y ocho?
______________________.

4 ¿Qué número lleva el chico del patinete?
______________________.

4 ¿Dónde está el colegio?

1 Sigue recto.
2 ______.
3 ______.
4 ______.
5 ______.
6 ______.
7 ______.

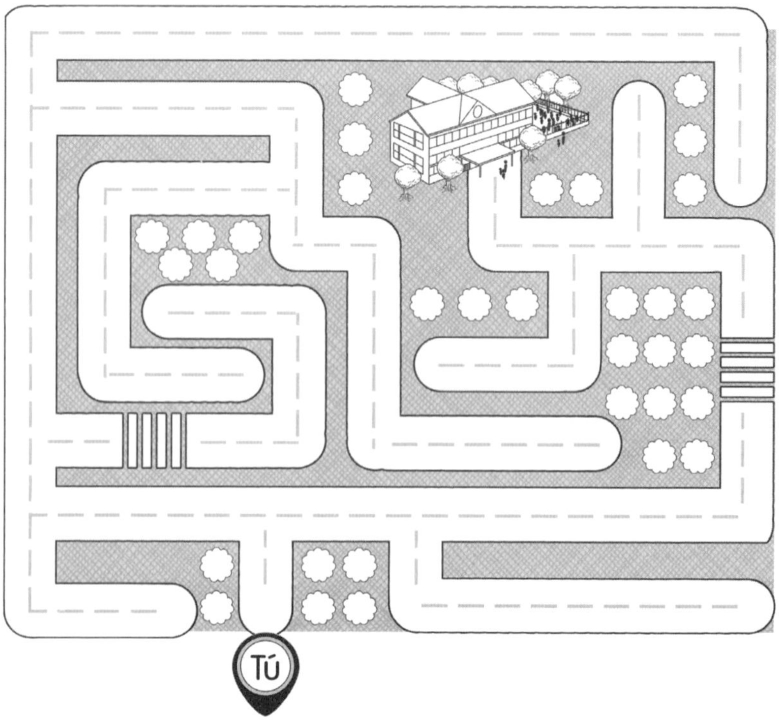

5 Lee y completa.

¡Buenos días! ¿Hay un centro comercial cerca de aquí?

Sí, hay uno muy cerca. Sigue recto.
En la segunda calle, ______.
Hay ______ al lado de la ______. Después ______.
______ y, detrás del ______, está el centro comercial.

6 Contesta.

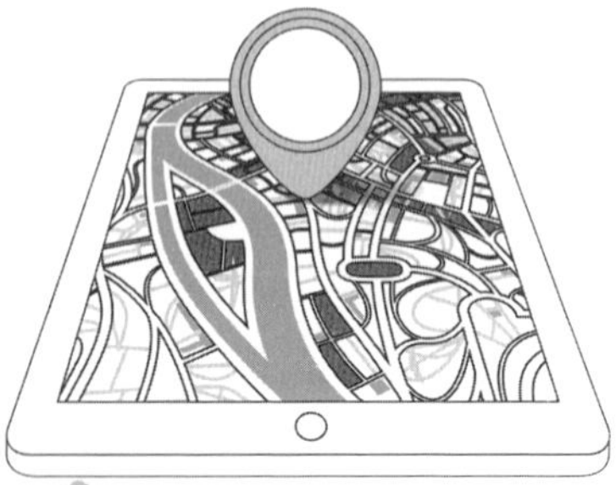

1 ¿Dónde vives? ______.
2 ¿Cuál es tu dirección? ______.
3 ¿Hay un parque cerca de tu casa? ______.
4 ¿Dónde está? ______.
5 ¿Hay un hospital? ______.
6 ¿Dónde está? ______.

Sesión 3

7 Relaciona y colorea.

1 Colorea de gris el edificio de piedra y antiguo.
2 Colorea de rojo el edificio moderno y de ladrillo.
3 Colorea de morado el edificio de madera.
4 Colorea los otros edificios.

8 Escribe estos números.

100	300	500	700	900
cien	______	______	______	______

cero	doscientos	cuatrocientos	seiscientos	ochocientos	mil
0	______	______	______	______	______

9 Lee y completa.

Santillana del Mar es un pueblo que está en el norte de España. Todos sus edificios son muy __________ y son de __________. Algunos edificios tienen balcones de __________ con muchas flores. En el centro hay una plaza y una pequeña iglesia muy antigua que se llama Colegiata.

Benidorm está en Alicante, en el mar Mediterráneo. Es una ciudad __________, con __________ muy altos. Hay un hotel que tiene 47 plantas, 700 habitaciones y mide 200 metros. Muchos pisos son de __________ blancos y otros de color __________.

Unidad 5 ¡Ring, ring! ¿Dígame?

MI PROGRESO

Sesión 1

1 Busca y completa.

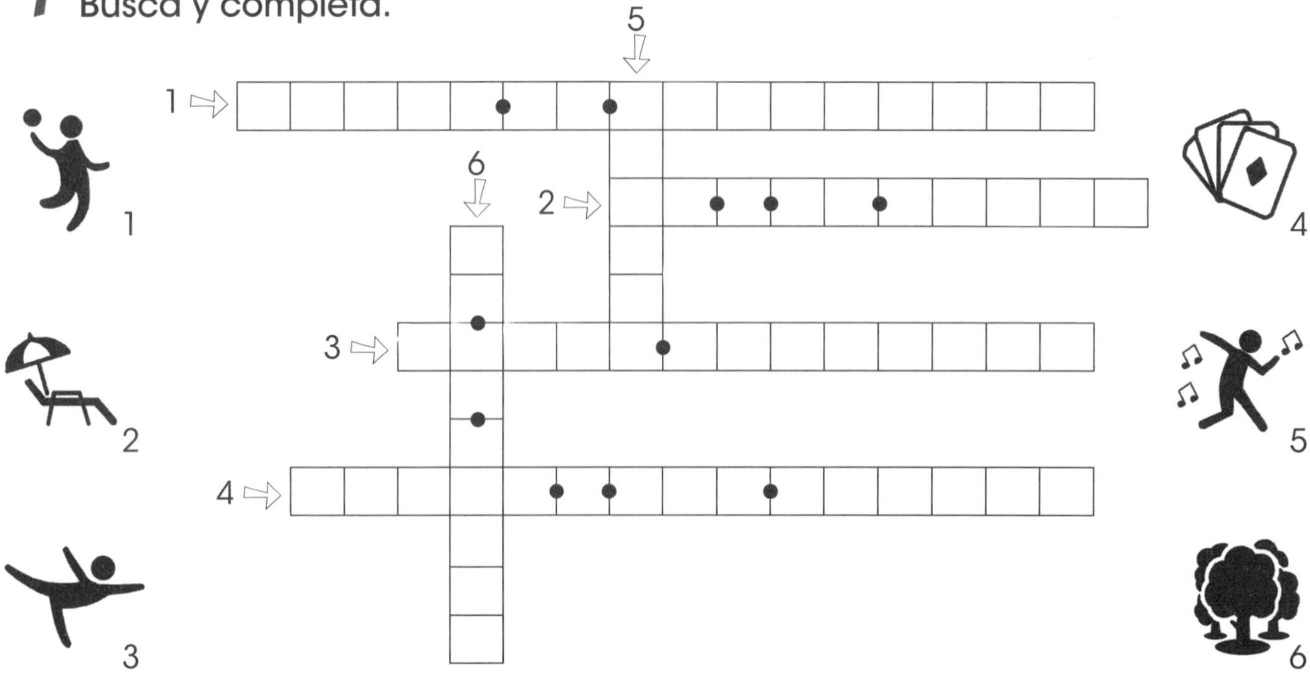

2 ¿Te gusta? Escribe.

Hacer natación	Hacer atletismo	Ir al teatro	Jugar al tenis	Ir al cine	Jugar a los videojuegos

1 ¡Me encanta! ____________________

2 ¡Me gusta! ____________________

3 ¡No me gusta! ____________________

3 Completa.

1 ¿  Te gusta la natación? → Sí, me gusta mucho.

2 ¿  ____________________? → No, no me apetece.

3 ¿  ____________________? → No, no me gusta.

4 ¿  ____________________? → ¡Sí, me apetece mucho!

5 ¿  Le ____________________? → No, no le gusta.

6 ¿  ____________________? → Sí, le apetece mucho.

7 ¿  ____________________? → Sí, le gusta mucho.

lata

cocodrilo

ir al teatro

gris

morado

vidrio

desierto

ir al cine

nadar

doscientos

contenedor

delfín

león

correr

quinientos

reciclar

joroba

elefante

escuchar música

mil

bosque

montaña

playa
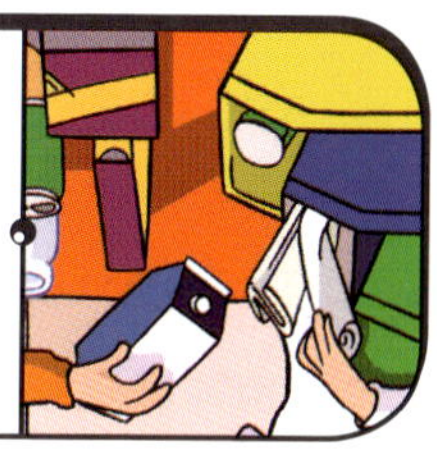

primero

vestirse

carne

tenedor

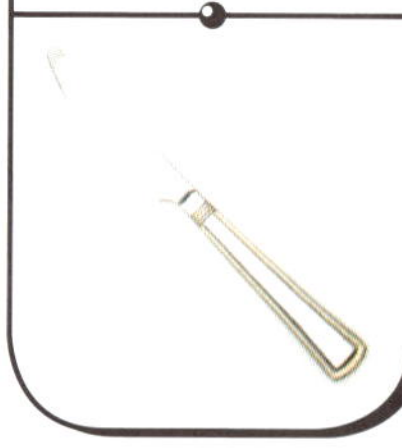

panadería

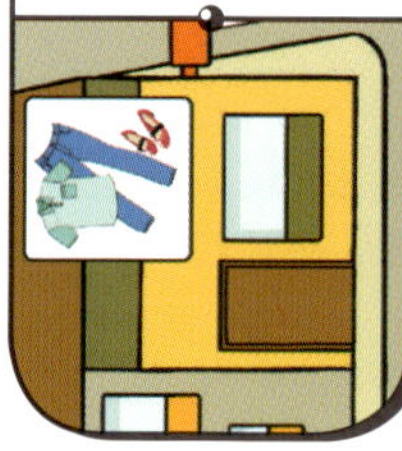

perro

ducharse

ensalada

cuchillo

tienda

madre

levantarse

acostarse

fruta

librería

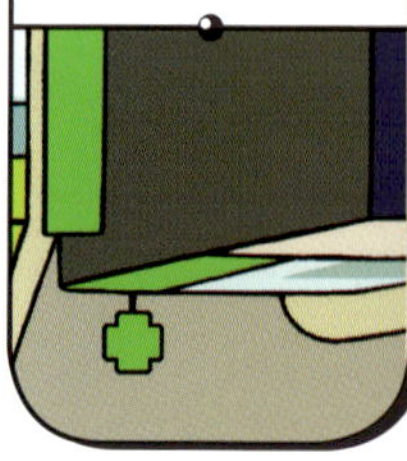

padre

tercero

lavarse los dientes

pescado

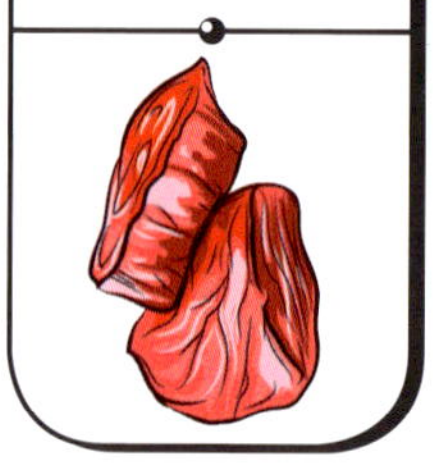

farmacia

pintar

cinco mil

dos mil

Sesión 2

4 Lee y une.

1 A Marta le gusta mucho ir a la playa.
2 A Pablo no le gusta jugar a los videojuegos.
3 A Luis le gusta mucho ir al campo.
4 A Fernando le encanta correr.
5 A mi madre no le gusta hacer natación.

- Él cree que es emocionante.
- Él cree que es aburrido.
- Ella piensa que es aburrido.
- Ella piensa que es divertido.
- Él piensa que es divertido.

5 Contesta.

1 ¿Te gusta jugar al tenis? → ______, creo que es ______________

2 ¿Te gusta ir al cine? → ______, ______________. Pienso que es ______________.

3 ¿Le gusta a tu amigo jugar a las cartas? → ______, le ______________. Piensa que es ______________.

4 ¿Le gusta a tu madre ir al teatro? → ______, ______________. Ella piensa que ______________.

5 ¿Te gusta ir a la playa? → ______, ______________.

6 Completa el correo.

Para: elena@rapidmail.es | De: pedro@rapidmail.es | Asunto: El club de tenis.

¡Hola, Elena! ¿Cómo estás? Yo estoy muy bien.
Me gusta mucho ______________ . Creo que es emocionante . ¡Me encanta Rafa Nadal! A mi padre le gusta mucho ______________ , piensa que es ______________ . También ______________ . ¡A mí me parece ______________ !
Creo que el partido del sábado es muy ______________ . ¿Te apetece ir al club?
Espero tu respuesta.
Pedro.

7 Ordena y escribe.

esta tarde? ¿Qué haces	¿A hora quedamos? qué	acuerdo. Vale, de	fin semana? este ¿Quedamos de	¿Te al ir apetece cine?
¿Qué haces esta tarde?	______	______	______	______

8 Escribe.

Elena

- ¿Diga?
- ¿Está ______________?
- Sí, soy yo.
- ¡Hola, soy ______________.
- ¿Qué haces a las ______________?
- ¡Nada especial!
- ¿Te apetece ______________?
- Lo siento, no puedo. Puedo a las ______________.
- Venga, vale. De acuerdo. ______________.
- ¡Hasta luego!

Marcos

9 Ordena el diálogo.

- [10] ¡Adiós!
- [ ] Vivo en la calle Ancha, número 5, 6.° C. Al lado del polideportivo.
- [ ] ¡Hola, Cristina! Soy María. ¿Te apetece comer en mi casa hoy?
- [ ] A la una y media.
- [ ] Muy bien. ¡Tenemos pasta y hamburguesas!
- [ ] ¡Me encantan las hamburguesas! ¿Dónde vives?
- [1] ¿Dígame?
- [ ] ¡Muy bien! ¿A qué hora quedamos?
- [ ] ¡Oh! Lo siento, no puedo. Voy a casa de mis abuelos. ¿Quedamos mañana?
- [ ] Hasta mañana.

Unidad 6 Animales del mundo

Sesión 1

1 Une.

- Ardilla
- Cigüeña
- León
- Jirafa
- Tigre
- Elefante
- Camello
- Cocodrilo
- Ballena
- Delfín

2 Elige y dibuja.

1

El **camello** / **elefante** tiene joroba, es alto y no tiene melena.

2

El **león** / **elefante** es grande, de color gris y tiene trompa.

3

Es pequeña, de color marrón y tiene cola. Es una **ardilla** / **ballena**.

4

El **tigre** / **cocodrilo** tiene colmillos y es de color verde.

3 Completa.

1

Es grande y tiene melena.
¡Es un león!

2

Tiene ____________.
Es naranja y negro.
¡Es un tigre!

3

Tiene ____________ y ____________.
¡Es una cigüeña!

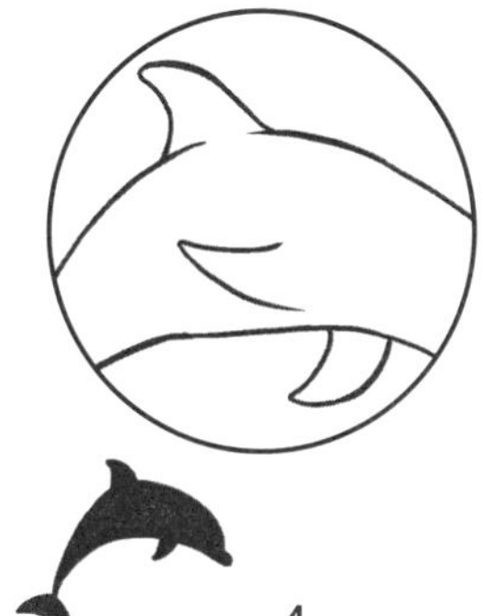

4

El delfín tiene ____________.

Sesión 2

4 Observa y escribe.

¿QUÉ ESTÁ HACIENDO? ¿QUÉ ESTÁN HACIENDO?

La jirafa está comiendo.
Las jirafas están ________.

________________________.
________________________.

________________________.
________________ andando.

5 Relaciona.

1

2

3

4

- Él está andando.
- Él está nadando.
- Ellos están saltando.

- Ellas están saltando.
- Ellos están jugando.
- Él está jugando.

- Ella está desayunando.
- Ellos están corriendo.
- Él está corriendo.

6 ¿Cómo es tu animal favorito? Dibújalo.

¿Cómo se llama? ________________
¿De qué color es? ________________
¿Cómo es? ________________
____
¿Dónde vive? ________________
¿Qué come? ________________
¿Por qué te gusta? ________________
____

Sesión 3

7 Busca y escribe.

pequeña	grande	fuerte	rápido	~~lento~~	alta

 lento

 ________

 ________

 ________

 ________

 ________

8 Observa y escribe.

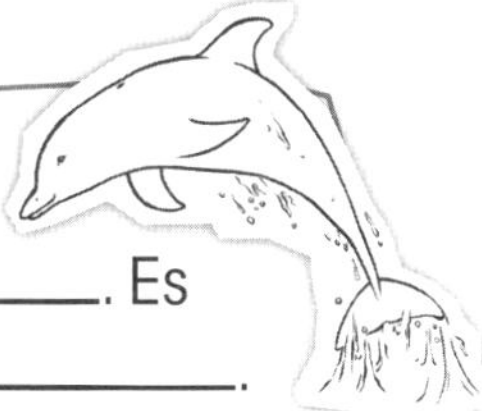

El delfín tiene __________. Es __________. Está __________.
Me gusta porque es __________.

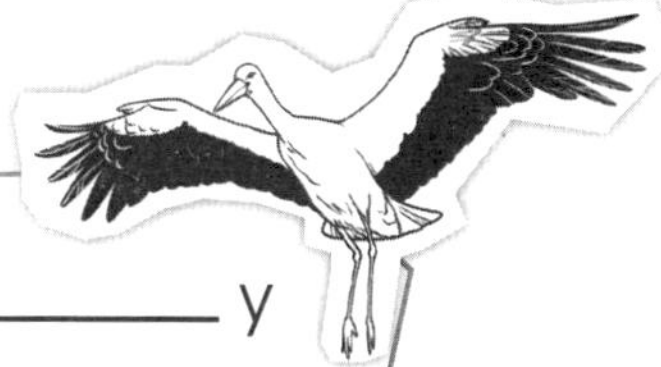

La __________ tiene __________ y __________. Es __________.
Está __________. Me gusta porque __________.

Las __________ tienen __________.
Son __________. Están __________.
Me __________.

9 Lee y contesta.

EL PINGÜINO

El pingüino es un ave que no puede volar, pero nada muy bien. Vive en lugares donde hace mucho frío. Nunca vive solo. Siempre vive con muchos pingüinos más. No puede volar. Su comida favorita son los peces. En la tierra, el pingüino anda y salta.
Tiene pico y plumas que sirven para protegerlo del frío. Tiene la cabeza, las aletas y la espalda de color negro, y el pecho blanco.

1 Los pingüinos saben volar. V F
2 Viven en lugares donde hace frío. V F
3 No pueden andar. V F
4 Comen peces. V F
5 Los pingüinos son blancos y negros. V F

Unidad 7 Yo pienso en verde, ¿y tú?

Sesión 1

1 Relaciona y completa.

Contenedor verde

Contenedor azul

Contenedor amarillo

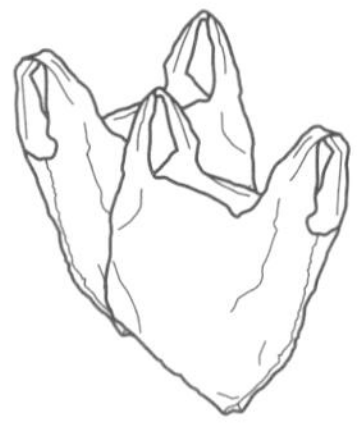
bolsas

periódicos

botellas de vidrio

botellas de plástico

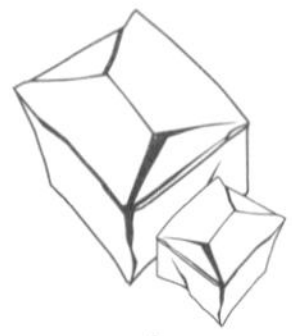
cajas

latas

1 En el contenedor verde hay  ____________________.

2 Los  ____________ y las  ____________ están en el contenedor azul.

3 El contenedor amarillo tiene  __________________,  _____________
y  ____________________.

2 Lee y escribe.

reciclar	ahorrar agua	ahorrar energía	apagar la luz	cerrar el grifo

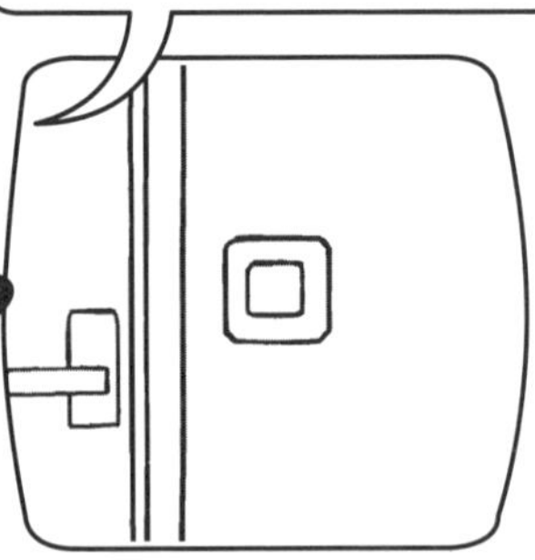
____
____

____
____

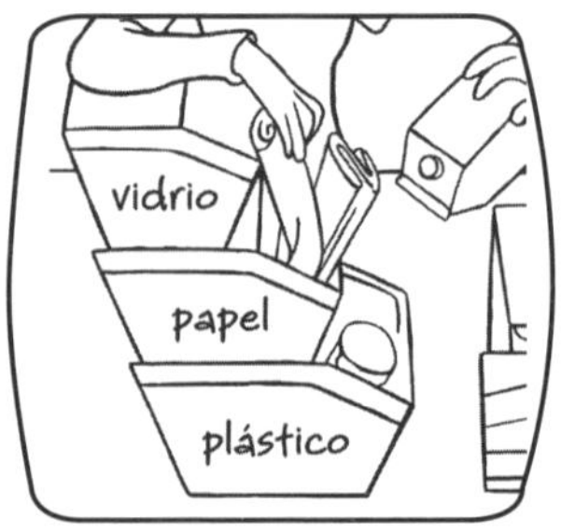

____

3 Lee y rodea la respuesta correcta.

1 Ella cierra el grifo para **ahorrar agua** / **reciclar**.
2 Él apaga la luz para **tirar la basura** / **ahorrar energía**.
3 Él **apaga** / **recicla** los periódicos.
4 Yo tiro el plástico en el contenedor **amarillo** / **azul**.
5 Ella tira las botellas de vidrio en el contenedor **amarillo** / **verde**.

Sesión 2

4 Elige y escribe.

1 Para salvar el planeta hay que reciclar las latas.
2 Para ____________________.
3 Para ____________________.
4 Para ____________________.

5 Lee y dibuja.

6 Completa.

árboles	botellas	amarillo	salvar	debemos	~~ahorrar~~

El 22 de abril es el Día de la Tierra. Hay que hacer muchas cosas para cuidarla: ahorrar agua y luz, reciclar envases y latas en el contenedor __________, el papel en el contenedor azul y las __________ en el verde.
No __________ tirar las bolsas de plástico. Hay que usarlas varias veces. Los animales tienen problemas porque cortamos muchos __________, el hielo se derrite y la Tierra se calienta. ¡Tenemos que __________ el planeta!

Sesión 3

7 Adivina. Luego, escribe.

1 ¿Dónde hacemos la comida?
2 ¿Dónde está el televisor?
3 ¿Dónde dormimos?
4 ¿Dónde escribimos correos?
5 ¿Dónde nos duchamos?

____

ordenador

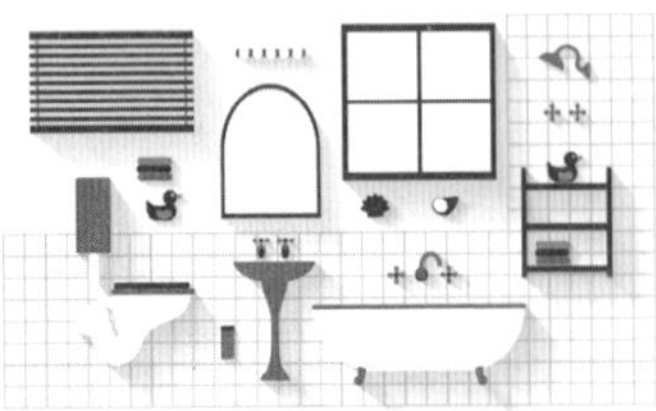

____

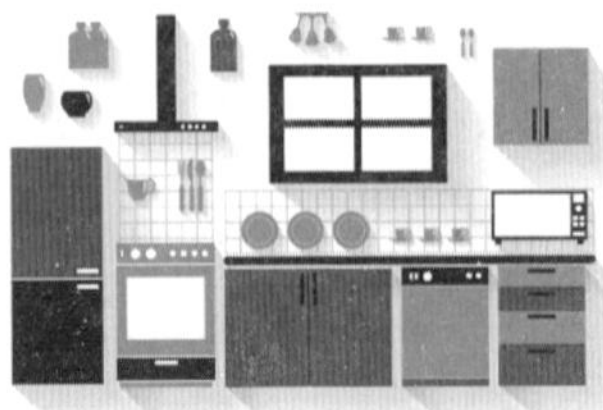

____

____

8 Elige.

1 Te gusta ver el campo y la playa limpios. No hay contenedores. Debes:
a) llevar la basura a casa. b) dejarla allí. c) no ir al campo.

2 Sales de tu estudio para jugar un partido. Tienes que:
a) encender el ordenador. b) apagar el ordenador. c) cerrar el grifo.

3 Encuentras un periódico en el parque. Tienes que:
a) tirarlo en el contenedor azul.
b) dejarlo allí.
c) tirarlo en el contenedor amarillo.

4 Para ahorrar agua:
a) debes cerrar el grifo cuando te lavas los dientes.
b) no te lavas los dientes.
c) te bañas.

5 Si quieres salvar el planeta:
a) no debes hacer nada.
b) debes encender la luz.
c) tienes que reciclar.

9 Contesta y escribe.

1 ¿Dónde reciclas el papel? Yo reciclo el papel en el contenedor azul.
2 Para ahorrar energía… ______________________.
3 ¿Dónde reciclas el vidrio? ______________________.
4 ¿Qué haces para ahorrar agua? ______________________.
5 Apago el ordenador cuando… ______________________.

Unidad 8 Un paseo por el pasado

MI PROGRESO

Sesión 1

1 Escribe.

¿QUÉ HICISTE AYER?

TOMÁS

escribir

1 ______________________________.

comprar

2 ______________________________.

MARÍA

hablar

3 ______________________________.

escuchar

4 ______________________________.

estudiar

5 ______________________________.

JUAN

quedarse en casa

6 Me quedé en casa.

pasear

7 ______________________________.

jugar

8 ______________________________.

2 Relaciona y completa.

1 
2 
3 
4 
5 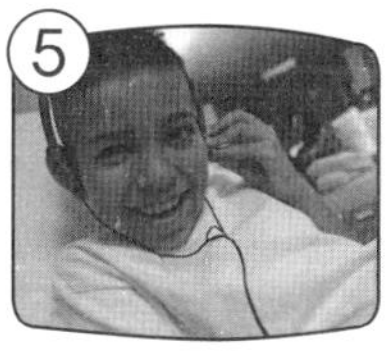
6 

[4] Hablé por teléfono con mis abuelos.

[ ] __________ al tenis con mis amigos.

[ ] __________ en el jardín.

[ ] __________ un cuadro.

[ ] __________ música con mi iPod.

[ ] __________ Lengua y Ciencias.

3 Completa y contesta.

1 ¿Jugaste al fútbol? No, jugué al baloncesto.

2 ¿Te qued____ en casa? No, ______________________________.

3 ¿Estudi____ Matemáticas? Sí, ______________________________.

4 ¿Escuch____ música? ______________________________.

5 ¿Habl____ con tu padre? ______________________________.

Sesión 2

4 Relaciona.

¿QUÉ HIZO LUCÍA?

El año pasado	se quedó	en la playa.
Ayer por la tarde	jugó	Ciencias.
El lunes pasado	estudió	en casa de sus abuelos.
Anteayer	paseó	un correo a su amigo.
El fin de semana	escuchó	música en la radio.
El sábado pasado	escribió	por el parque.

5 Escribe.

estar en casa de mis abuelos

ir al cine

tener clase de Música

hacer los deberes

ir a la playa

¿QUÉ HICISTE LA SEMANA PASADA?

Estuve en casa de mis abuelos.

____

____

¿QUÉ NO HICISTE LA SEMANA PASADA?

____

____

6 Completa.

fui
fuiste
fue

estuve
estuvo

tuve
tuviste

hice
hiciste

4:36 PM ¡Hola! El sábado pasado (yo) fui al cumpleaños de Marta. Luis ________ en la fiesta con sus amigos. ¿Por qué no (tú) ________?

________ en casa de mis abuelos. Viven en Córdoba. Mi prima Ana ________ allí también. 4:40 PM

4:36 PM El domingo (yo) ________ los deberes. ¿Y tú? ¿Cuándo los ________?

Yo los hice el sábado. ¿ ________ clases de Música el viernes? 4:40 PM

4:36 PM No, no ________ clase. Vale, adiós.

¡Adiós! 4:40 PM

Sesión 3

7 Escribe.

mil quinientos sesenta y cuatro	seis mil trescientos veintiuno	tres mil doscientos catorce
______________	______________	______________

1832	1689	1765
______________	______________	______________
______________	______________	______________

8 Lee y escribe.

LOS INVENTOS

Algunos inventos son muy antiguos. Por ejemplo, el cepillo de dientes se inventó en el año mil cuatrocientos noventa y ocho. El lápiz, que es de mil quinientos sesenta y cuatro. En mil setecientos setenta se inventó la goma. ¡Mucho tiempo sin borrar! Otro invento muy importante es la bicicleta, ¡en mil ochocientos sesenta y uno! ¿Y la televisión? ¡En mil novecientos veinticinco! El primer teléfono móvil se inventó en mil novecientos cuarenta y siete. ¡Muy grande! ¿Sabes cuándo se inventó Internet? ¡En mil novecientos sesenta y nueve!

☐☐☐☐

☐☐☐☐

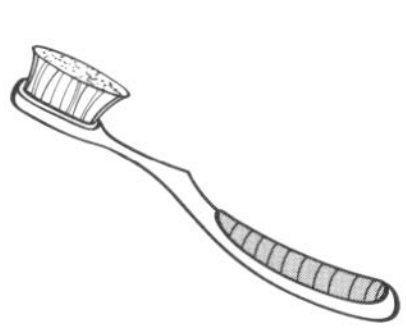
| 1 | 4 | 9 | 8 |

☐☐☐☐

☐☐☐☐

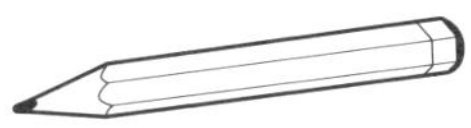
☐☐☐☐

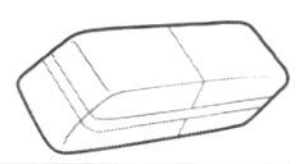
☐☐☐☐

9 ¿Qué hiciste el verano pasado? Completa y dibuja.

El verano pasado fui a ______________________ con ______________. El primer día ______________________
______________________________.

El segundo día ______________________________
______________________________.

Otro día ______________________________
______________________________.

Unidad 9 ¡Qué azul está el mar!

Sesión 1

MI PROGRESO

1 Completa.

~~desierto~~	selva	plantas	oasis	lago
pico	montaña	río	valle	arena
árboles	roca	playa	mar	bosque

2 Lee y rodea.

1 En el desierto hay **oasis** / **ríos**.
2 En la playa **hay arena** / **hace frío**.
3 En el valle hay **mar** / **montañas**.
4 En la selva hay **rocas** / **árboles**.
5 En la montaña hace **frío** / **calor**.

3 Relaciona usando diferentes colores.

La playa
La selva
El mar
La ciudad
El contenedor verde
El bosque

es un lugar donde hay

arena y mar.
delfines y ballenas.
cajas y periódicos.
leones y cocodrilos.
ardillas.
iglesias y museos.

Sesión 2

4 Encuentra y completa.

lluviosonevadosecocalurosotranquiloprofundofríohúmedo

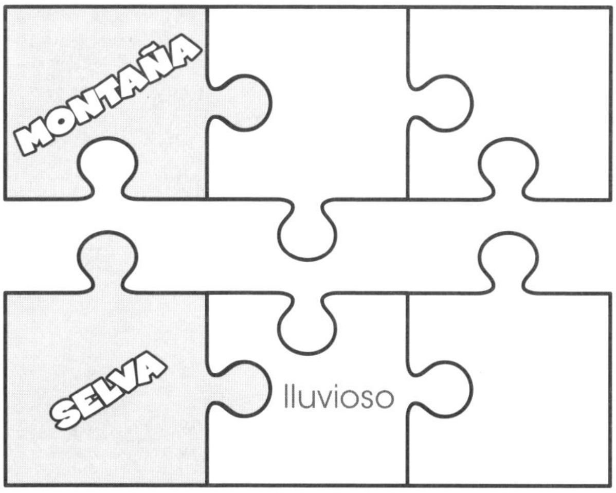

5 Lee y completa. Luego, adivina.

frío tranquilo nevadas profundo ~~húmedo~~ largo altas

Es un lugar húmedo, donde hay un lago muy __________.
Hay unos árboles naranjas y marrones. Creo que es otoño.
Hay un __________ camino para pasear. Las montañas son __________ y están __________.
Las casas son de madera. Yo pienso que hace __________.
Me encanta porque es un lugar __________.

6 Lee y dibuja.

Las montañas son altas y marrones. Algunas están nevadas. Delante de la segunda montaña hay un bosque húmedo. Pienso que el bosque es divertido porque hay muchas ardillas corriendo. El río está en el centro. A la izquierda del río hay dos casas. Una casa es de madera roja y otra casa es de piedra gris. A la derecha del paisaje está la playa, con rocas, arena y el mar azul.

Sesión 3

7 Observa y completa.

ALTO

El Aconcagua es más alto
que el Teide.

LARGO

____
____

SECO

____
____

GRANDE

____
____

HÚMEDA

____
____

8 Escribe sobre ti.

1 ¿Te gusta más la playa o la montaña? ____________________.
¿Por qué? ____________________.

2 ¿Te gusta más el desierto o el valle? ____________________.
¿Por qué? ____________________.

3 ¿Te gusta más el valle o el bosque? ____________________.
¿Por qué? ____________________
____________________.

4 ¿Te gusta menos la playa o el bosque? ____________________
¿Por qué? ____________________
____________________.